Nördliche Sehnsucht

„Poesie ist nicht Literatur in Versen, sondern Poesie ist das sichtbar oder empfindbar gemachte produktive Spannungsverhältnis des Menschen zur Natur und zur Gesellschaft."

Heinz Kahlau

Matthias Stark

Nördliche Sehnsucht

Gedichte aus zwei Jahrzehnten

Matthias Stark, Jahrgang 1963, wurde in Radeberg geboren und lebt in Stolpen. Er ist Autor von Prosa und Lyrik. Bisher veröffentlichte er in zahlreichen Anthologien sowie als Autor und Herausgeber mehrere Bücher.

Bibliografische Information der Deutschen Nationalbibliothek:
Die Deutsche Nationalbibliothek verzeichnet diese Publikation in
der Deutschen Nationalbibliografie; detaillierte bibliografische Daten
sind im Internet über http://dnb.dnb.de abrufbar.

© 2022 Matthias Stark; www.stark-stolpen.de
Titelillustration: „Inspiration", Federzeichnung von Gudrun Stark
Lektorat und Korrektorat: Christiane Stark
Herstellung und Verlag: BoD – Books on Demand, Norderstedt

ISBN: 978-3- 7557- 8435-7

An meinen Leser

Du sagst, du magst Gedichte nicht,
Zeit, die Dichter zu Worten weben,
Eingefangenes Licht im Gedicht,
Das zu Poesie gewandelte Leben.

Du sagst, du magst die Texte nur
Der Lieder, die der Sänger singt.
Du meinst, da wärst du etwas stur,
Als dass Verstehen dir gelingt.

Ich denk, ich schenk, was du nicht magst,
Dir nun mit diesen Zeilen.
Dass du dein Herz zu öffnen wagst:
Lass Wort um Wort bei dir verweilen.

Abends

Mit dir
In der Felderweite,
Im Meer
Der Halme
Stille atmen,
Wenn der Tag
Verlischt.
Zeitlos,
Ein Milan
Kreist,
Für Momente
Einfach Glück.

Abschied

Martinshorn von fern,
In der leeren Wohnung jetzt
Lange Zeit Stille.

Erinnerung erwacht leis
Im Nebel der Gedanken.

Ohne Hoffnungen,
Im Warten auf Rückkehr nur
Paradiesträume.

Im Schatten alter Bäume
Junge Eichtriebe im Laub.

Auf dem Kreuz am Grab
Der kleine Vogel nun singt
Sein Lied voll Wehmut.

Nach Sonnenuntergang doch
Zu zweit in Liebe vereint.

Agnostik

Die Blume am Wegrand,
Die dich erfreut,
Ist unsagbar schön und
Rätselhaft.

Die Sterne im All und
Die dunklen Wälder
Bleiben letztlich
Unerkennbar.

Der Mensch neben mir
Auf dem Erdenrund,
In seinem Handeln
Unverstanden.

Ein letzter Schleier
Liegt über allen
Dingen dieser Welt,
Unzerreißbar.

Als der Sprosser sang

Schatten über dem Land,
Drohend,
Nordwinde wehen.
Wolkendunkle Gewitter,
Sturzbäche am Wegrand.
Da stand ich,
Verwirrt und durchnässt,
Allenthalben Stimmen,
Aber keine Wahrheit.
Du nahmst mich in den Arm,
Wärmtest mich
Nach durchwachter Nacht.
Draußen sang der Sprosser,
Unbeirrbar, wie vor Jahren,
Und plötzlich wusste ich:
Die Wahrheit liegt vor uns,
Unzerstörbar.
Irgendwann steigt das Licht
Der aufgehenden Sonne
Über den Rand der Mauer,
Die uns trennt vom Glück.

Alt werden

Als du noch jünger warst,
Und ich noch nicht so alt,
Da trafen wir uns manchmal
Und gingen in den Wald.

Wir lagen auf der Wiese,
Der Tag wollte sich neigen,
Was wir im Gras wohl taten …?
Ich will hier lieber schweigen.

Wir wurden beide reifer,
Die Jahre gingen hin,
Die Schritte wurden kleiner,
Und auch die Haare dünn.

Der Wald lockt uns jetzt selten.
Es ist so still, trotz allem,
Ins Klo ist mir schon gestern
Mein Hörgerät gefallen.

Statt Wein trinkst du nun Wasser,
Verzeih, dass ichs erwähne,
Im Glas, da schwimmen abends
Schon deine dritten Zähne.

Geblieben sind uns aber,
Trotz aller Gliederschmerzen,
Wenn ich es recht bedenke,
Noch immer unsre Herzen.

Und auch dein helles Lachen
Schallt wie in Jugendtagen.
Wir wollen trotz der Jahre
Vielleicht ein Neues wagen.

So gönnen wir uns heute
Ein Glas vom roten Wein.
Er bringt in unser Leben
Noch immer Sonnenschein.

Alter Baum

Wir waren beide Kinder,
Das Bäumchen und auch ich.
In seinem kühlen Schatten
Traf ich einst auf dich.

Die Stämme in der Schonung
Wuchsen längst zum Wald.
Das Leben schlug uns Narben,
Wir wurden dabei alt.

Menschen sah ich ziehen,
Der Baum blieb einsam stehn.
Er schlug hier feste Wurzeln,
Doch ich muss weitergehn.

Sein Wipfel leis wird rauschen,
Wenn ich dann nicht mehr bin.
Und über ihm die Sterne,
Sie fragen nicht nach Sinn.

Dann wird in fernen Zeiten
Auch dieser Baum gefällt.
Erinnerung vergeht,
So ist der Lauf der Welt.

Am Fluss

(für Galsan Tschinag)

Wandernd am Fluss
An ungewissen Tagen.
Das Wasser ruhig fließend,
Dann sprudelnd, über Steine
Sanft gleitend, später
Schäumend am Wehr,
Das den Lauf hindert.

Auch das Denken fließt,
Als Idee oder Erinnerung,
Ruhig und mäßig,
Manchmal sprudelnd
Oder sanft gleitend,
Tosend nur am Tabu,
Gebändigt im Dichterwort.

Auf der Esche am Ufer
Zwei Raben im Geäst.
Weit ihr Ruf, ihre Schwingen
Voller Kraft und Stärke.
Gedanke und Erinnerung,
Unbesiegbare Geister
Im abnehmenden Licht.

Am Teich
(in Erinnerung an Gottfried Unterdörfer)

Lichterglanz der Wellen
Spielt mit dem Eichenlaub.
Schilfhalme flüstern
Zeitlose Geschichten,
Visionen werden zu Staub.

Kranichrufe fliegen
Im Mittagslicht über die Wiesen.
Von Zeit zu Zeit springt
Ein Fisch aus dem Teich,
Farbige Tage zerfließen.

Hörbare Stille
Zwischen Wolken und Wind,
Unsere Schritte im Gras
Werden kürzer.
Das Leben zerrinnt.

Nach tausendundeinem Tag
Berührt uns noch einmal das Glück.
Die Schlangenhaut
Abgelebter Zeit bleibt
Am Wegrand zurück.

Später am Abend,
Legt der volle Mond
Eine Lichtstraße über das Wasser.
Und bald wird unser Haus
Von anderen Menschen bewohnt.

Anfrage

Wie verlautbart,
Gibt es nun,
Zur Seelsorge,
In unserer Armee
Neben den Geistlichen
Aus dem Christentum
Auch einen Rabbiner.
Wäre es nicht klüger
Im Sinne des Friedens
Einen Pazifisten
Einzustellen?

Anmerkung

Immer zu wenig Zeit,
Um dem Gras beim Wachsen,
Dem Mond beim Abnehmen,
Der Rose beim Blühen
Zuzuschauen.
Meist zu viele Stunden
Den unwichtigen Dingen
Geschenkt.
Am Spätnachmittag,
Beim Zurücklehnen, wenn
Die Sinne bereits narren,
Dann ist das Gras verdorrt,
Der Mond im letzten Viertel
Und die Rose verblüht.

Sollten wir uns da nicht
Ganz hingeben für
Den Rest unserer Tage?

Augenblick

Gelegentlich reicht ein Moment,
Dauer eines Wimpernschlages,
Das Öffnen eines Briefes,
Ein Schritt zur unrechten Zeit,
Eine unterlassene Handlung
Oder ein falscher Blick,
Und der Lauf der Dinge
Ändert sich für immer.
Wir sind die Segel im Wind
Auf dem Meer des Seins,
Dazu bestimmt, Kurs zu halten
In jedem Augenblick.

Aus Volkes Maul

Vergebens kämpfen Götter gegen Dummheit.
Geld macht nicht glücklich, aber es beruhigt.
Umsonst nicht mal der Tod, er kostet uns das
Leben.
Undank ist der Lohn in aller Welt,
Doch seliger als Nehmen ist das Geben.

Wahre Schönheit kommt von innen,
Sie kennt bekanntlich ja das Alter nicht.
Und necken tut sich, was sich liebt.
Versuch macht klug, das Reisen bildet,
Ein jedes Böhnchen auch ein Tönchen gibt.

Alles Gute kommt nun mal oben,
Die Mäuse beißen keine Fäden ab, denn
Weit vom Stamme fällt der Apfel nicht.
Und kleine Kinder sollten meiden
Messer, Gabel, Schere und das Licht.

Kein Meister ist vom Himmel je gefallen,
Die guten Dinge wollen Weile haben,
Denn nachts sind alle Katzen grau.
Das Alter schützt vor Torheit nicht,
Und auch nicht fett vom Wiegen wird die Sau.

Von nichts kommt nichts, die Dummheit frisst.
Die Mutter mancher Kiste ist die Vorsicht.
So heiß wie kochend wird nie was gegessen,
Die Ratten verlassen sinkende Schiffe und
Vor der Moral kommt erst mal das Fressen.

Du bist nur einmal jung und siehst vor lauter
Bäumen
Den Wald nicht, denn die Hoffnung stirbt
zuletzt.
Wer Ordnung hält, ist nur zu faul zum Suchen,
Und blinde Hühner finden manchmal auch ein
Korn.
Doch schweigen Krümel, wenn zu uns spricht
der Kuchen.

Nackten Männern ist nicht zu greifen in die
Taschen,
Ein Unglück kommt ganz selten nur allein.
Einem geschenkten, alten, grauen Gaul
Sind die Zähne nicht zu kontrollieren,
Dies alles ist die Weisheit aus des Volkes Maul.

Bald

Wenn die Tannen bunt erblühen
Und die Rotweingläser glühen,
Wenn die Else mit dem Hans
Heimlich tötet eine Gans,
Ja, dann ist es bald soweit,
Es ist wieder Weihnachtszeit.

Wenn man Horst im dunklen Tann
Mit der Axt erspähen kann,
Wenn er maust den schönsten Baum,
Aber ängstlich ist er kaum,
Ja, dann ist es bald soweit,
Es ist wieder Weihnachtszeit.

Wenn die Susi steht im Matsch,
Leicht betrunken macht sie Quatsch,
Wenn die Bastler mit dem Hammer
Sich Finger blau hauen voller Jammer,
Ja, dann ist es bald soweit,
Es ist wieder Weihnachtszeit.

Doch, es ist jetzt bald soweit,
Es ist wieder Weihnachtszeit.
Wenn mit weißem Bart ein Mann
Bringt Geschenke uns alsdann.
Nur bedenkt es stets mit Herz:
Dieses Fest ist kein Kommerz!

Worauf es ankommt nun hienieden:
Es sei Stille uns beschieden,
Besinnlichkeit und kleines Glück
Bringt Erinnerung zurück,
An unbeschwerte Kinderzeit,
Ja, es ist jetzt bald soweit.

Begegnung

Zwei Lebenskreise berühren sich
Für Wochen, für Tage, für Stunden nur,
Tauschen Schwingungen und tönen
Mit des anderen Klang,
Schweben umeinander und streben
Hinaus in Raum und Zeit,
Treffen aufeinander
In ewiger Verwandlung,
Tragen mit sich fort
Die Spuren der kurzen Berührung.

Beim Lesen von Hanns Cibulka

Welch eine Weitsicht
Aus Ahnung und Wissen
Unter sterbenden Bäumen.
Wandernd im tiefen Grund
Der Seele. Ohne jegliche
Anklage die Gewissheit
Der eigenen Vergänglichkeit.
Und vollkommene Klarheit
Auch darüber, dass wir
Lesend Sehende sein können.
Für Sekunden aufscheinende
Erkenntnis aus Worten.
Aus Vergangenem lernend
Fackelträger werden, hoffend
Auf eine Zukunft im Licht.

Und doch ...

Beim Lesen von Rainer Malkowski

Wie ist es möglich,
Mit so wenigen Worten
Ein ganzes Universum
Zu beschreiben, so genau,
Als wäre er dabei gewesen.
Gedichte als eine Möglichkeit,
Das Nichts allumfassend
Kenntlich zu machen.

Berührung I
(in Erinnerung an Bruno H. Bürgel)

In grauen und ärmlichen Tagen
Des Nebelmondes geboren,
Ging er auf Pilgerreise durchs Leben,
Dabei den Humor nie verloren.

Der Sonne entgegenwandernd
Holte er Sterne in kleine Stuben.
Schreibend, lesend, studierend,
Mit Teleskopen und scharfen Lupen.

Philosophieren und schmunzeln,
Ihm ist die Welt schnurrig errichtet,
Voller Rätsel und Mystik, ihr
Geheimnis im Wortwerk verdichtet.

Betrachtete Kleines im Großen,
Erkannte unsere Endlichkeit,
Jeden Feldrain als Wunder,
Das Weltall zeitlos und weit.

Selbst über den engen Gassen
Leuchteten Sterne für ihn.
In die Weite des Unergründlichen
Lässt uns seine Weisheit ziehn.

Durch Natur, wie er sie gesehen,
Den Dünkel so mancher verliert.
Gemeinsam aufschauen ins All,
Vom Weltgeist für immer berührt.

Berührung II

Heute Nacht geht sanft der Wind
Durch die Zweige und die Steine
Singen ein Lied über die Zeit,
Die verfließt als nie versiegender
Strom, Sekunden reiten auf Wellen
Von Ewigkeit zu Ewigkeit.
Erste Blätter fallen, du schickst
Dein Sonnenlächeln sternenwärts
Und rührst dabei mein Herz.
Alles Gesagte wird wertlos sein
In Zeiten globaler Heimatlosigkeit.
Zurück bleibt nur das Gefühl von
Leere, die Tränen versiegen.
Der Nachen strandet, die Gestade
Fallen trocken. Wir erzählen uns
Stumm Geschichten einer Zukunft,
Die wir nicht mehr erleben werden.
Unsere Blicke berühren sich dann
Hoch oben an den schönsten Sternen.

Blendung

Im täuschenden Licht
Unseres Wohlstandes,
Geblendet vom Überfluss,
Übersehen wir die Verlierer
Unter den Brücken des Landes.

Wir werden ertrinken
In der Tränenflut
Der umsonst Gestorbenen.
Und Gott schaut weg,
Sein Werk war nicht gut.

Damals

Vor Zeiten, als im Blütenmeer
Auf allen Wiesen Bienen summten,
Der Wind durch stolze Fichten strich,
Und Jahre unter Schnee verstummten.

Als Fische in den Bächen schwammen
Und Vögel auf den Zweigen sangen.
Damals wars, als wir die Welt
Unter unsren Willen zwangen.

Nicht alles gelang, wie sich jetzt zeigt,
Wir glaubten und verloren viel.
Nun machen wir den Deckel drauf,
Was war, das war – so geht das Spiel.

Die Dinge sind jetzt, wie sie sind.
Uns kümmert wenig, wir sind immun.
Das Mitleid stirbt den Heldentod,
Für uns bleibt kaum etwas zu tun.

Damals, da haben wir es gekonnt,
Da war noch etwas zu retten.
Damals war es noch nicht zu spät,
Wenn wir nur ernsthaft gewollt hätten.

Dämonen

Auf Eis gelegt sind die Tage,
Wir halten an jetzt die Zeit.
Die Bremsen sind angezogen,
Doch sind wir noch immer bereit
Wieder in ganz vollen Zügen
Vom Leben zu trinken wie einst.
Spatzen und Meisen sind fröhlich,
Nur du bist es nicht, du weinst.
Die Sonne legt früh am Abend
Ihr warmes und mildes Licht,
Auf dass ich es sanft berühre,
In dein verzagtes Gesicht.
Der Tag wirft nun seine Decke
Über die Wiesen ganz leise.
Es singen im Licht ferner Sterne
Dämonen der Nacht ihre Weise.
Am Morgen ein neuer Tag
Aus der Dunkelheit will erwachen.
Blumen öffnen die Blüten,
Und du wirst auch wieder lachen.

Das alte Buch

In dem alten Buch las ich
Von einem Bruder und
Einer Schwester,
Vor dreihundert Jahren
Schon erlebten sie:
Kleines Glück und Leid,
Habsucht und Neid.
Freude und Tränen
Freundschaft und Hass.
Als wären die Menschen
Nicht unterwegs auf dem Weg.
Nur ihre Werkzeuge wurden
Filigraner mit der Zeit,
Mit denen sie sich
Zu übervorteilen suchen.
Auf vergilbtem Papier
Erstaunliche Kenntnis der Zukunft.

Demokratherapie

Du gibst zu verstehen,
Du weißt es
Und du kannst es besser
Als Diedaoben.
Ich bin ganz bei dir
Und würde dich wählen,
Demnächst, wenn wieder
Wahlen sind
Und du kandidierst.
Dann könntest du beweisen,
Dass du es,
Wie du zu verstehen gibst,
Besser kannst und weißt
Als Diedaoben.

Der Dichter

(in Erinnerung an Gerhard Gundermann)

Als säße er neben mir,
Seine Worte eindringlich,
Sein Anliegen aktuell.
Er spricht zu mir, über
Abgründe der Zeit hinweg.
Versteht es, mein Herz
Zu berühren. Lang her
Und doch ganz nah, näher
Als die Zeitung von heute
Vor mir auf dem Tisch.
Er erklärt, wovor
Der Tag verstummt!
Die Frage ist: woher
Wusste er das von mir?
Manchen Dichter,
Vielleicht drei oder fünf,
Hat ein Mensch nötig wie
Zum Leben die Luft.

Der Fremde

Als er ankam, barfuß,
In zerrissenen Hosen,
Gaben wir ihm Brot und Bett
Und wir lasen ihm vor
Aus unseren Büchern.
Doch sein Herz blieb unberührt
Und seine Faust geballt.
Unsere Werte waren nicht die seinen,
Sein Gott nicht der unsere.
Dann ging er in die große Stadt
Mit seinen Fäusten und schlug zu.
Ausgeträumt nun die Mär
Vom Menschsein des Menschen.

Der König der Tiere

Nach jahrelanger Gefangenschaft,
Nachdem man ihn befreite,
Ging der Löwe im Buch meiner Kindheit
Freiwillig zurück in seinen Käfig.

Bei offener Gittertür fand man ihn
Friedlich schlafend am Morgen.
Er konnte nichts anfangen
Mit der neu gewonnenen Freiheit.

Was könnten wir Menschen leisten,
Wären wir uns der unseren bewusst?
Wir tun stattdessen, was wir tun,
Trauriges Löwendasein ...

Der Läufer

Stets lief er
Den Dingen davon,
Den Schwierigkeiten,
Den Aufgaben,
Den Problemen.
Selbst das Schöne
War nicht gut genug,
Wenn er es überhaupt sah.
Jedoch
Egal, wo er hinkam,
Das Leben war schneller,
Denn es sind vor ihm da:
Die Schwierigkeiten,
Die Aufgaben,
Die Probleme.
Er entkam ihnen erst
Unter einem Grabstein liegend.

Der Leitstrahl
(in Erinnerung an Rainer Malkowski)

Mit großer Präzision
Fokussiert auf das Leben
An sich. Und im
Besonderen dem Allgemeinen
Kontur gebend.
Der Blick messerscharf.
Symbiose aus Gefühl,
Verstand und Erfahrung.
Ein Universum, übervoll
Auch an Sternen.

Silbe um Silbe,
Doch zwischen den Worten
Stille und Schweigen.
Nachdenklich gehe
Ich am Ufer,
Wort für Wort.
Die Segel sind gesetzt.
Die Meere vor uns
Sind ab nun
Wieder befahrbar.

Der Spiegel

Glänzendes lasse ich glänzen,
Mattes lasse ich matt scheinen.
Im hellen Licht strahle ich,
Im Dunklen bleibe ich erloschen.
Auf Fröhlichkeit antworte ich fröhlich,
Auf Trauriges traurig. Denn
Ich scheine nur in dem Licht
Dass ich von dir empfange.
Darum sende mir deine Strahlen,
Damit ich sie reflektieren kann,
Zu den Menschen, die sie nötig haben
Wie Glück, Zufriedenheit und Güte.

Der Steintisch

(für Jane und Basti)

Vorzeiten als die Eibe
Blühte zum ersten Mal
Wer saß an diesem Tisch
In Freude oder Qual?
Die Tränen aus alter Zeit
Verraten es mir nicht.
Wars ein alter Mann
Im abnehmenden Licht?
War es ein Paar
In Liebe umschlungen,
Ein Mädchen gar,
Das den Liebsten verlor?
Verborgen unterm Moos
Bleibt das Geheimnis
Ahnbar nur im Wort,
Der Abendwind trägts weit
In die Stille fort.

Dichtung

Geschriebenes Wort
Getragen vom Wind
Herzschlag der Poesie,
Trommelfeuer des Lebens,
Vorausgedachte Zukunft.
Gedankenstrom Dichtung,
Schrankenlos – Zeitlos,
Stummer Schrei,
Aus Unvernunft geboren.
Am Abend
Liegt die Wahrheit
Als Schatten
Auf dem Papier.

Die alte Buche

Sie ist wertvoll,
Sagt der Forstmann,
Und denkt an Quadratmeter.
Sie ist alt,
Sagt der Historiker,
Und denkt an Vergangenes.
Sie ist schön,
Sagt der Poet,
Und denkt an ein Gedicht.
Sie ist ein Wunder,
Sagt der Philosoph,
Und denkt an Werden und Sein.
Sie ist wie wir,
Denke ich,
Und meine uns:
Tat Tvam Asi
(Das bist du).

Die Hälfte

Als der Krankenwagen
Dich wegbrachte,
Und für kurze Zeit
Deine Stimme
Noch geisterte zwischen
Tisch und Schrank,
Dein Lächeln sich noch
In der Fensterscheibe spiegelte,
War die Wohnung schon
Doppelt leer,
Die Stille doppelt laut,
Die Zeit doppelt lang,
Ich aber war nur noch
Halb anwesend.

Die Jacke

Nun müssen wir uns trennen,
Nach zehn Jahren zerschlissen,
Das Camouflage verblasst.
Zum Verhängnis wurde ihr
Der Nagel im Hochsitz,
Auf dem ich, verboten zwar,
Reh, Fuchs und Hase erlinste.
Wir haben viel erlebt,
Im Lauf der Jahre,
Die alte Jacke und ich.

Die Krise

Als Dauergast in unsrem Kreise,
Verstört sie uns auf eigne Weise.
Sie ist zur Regel uns geworden
Für Störungen verschiedener Sorten.
Die Zeitungen benennen diese
Als Grund für alles hier: die Krise.

Als Ursache für alle Sorgen
Beunruhigt sie uns schon am Morgen.
Ob Flüchtende, ob Klimawandel,
Die Schwierigkeit im Weltenhandel,
Das Konto zeigt wieder mal Miese,
Wir wissen nun: schuld ist die Krise.

Trotz allem gibt es schöne Sachen
Und alle Tage was zu lachen.
Das Auf und Ab der Konjunktur
Ist mir egal, denn ich will nur
Dass man mir meine Ruhe ließe,
Ihr könnt mich mal mit eurer Krise.

Die Mittagsfrau

(eine alte Lausitzer Sage)

Sommerflirren,
Glocken im Wind.
Zwölf Schläge,
Der Tag zerrinnt.
Sie steht vor ihm,
Erhoben die Hand,
Bedrückende Stille.
Er starrt gebannt.
Sie fordert, er spricht,
Vorwurf im Schweigen.
Reue und Demut
Will er nicht zeigen.
Gleich ist es eins,
Gedehnte Sekunden.
Ihm fehlen Worte,
Hat keine gefunden.
Sie wendet sich ab
Auf düstere Weise.
Er zittert und bebt,
Das Heu raschelt leise.
Die Frau erhebt sich,
Ordnet ihr Kleid.
Er senkt den Blick,
Es ist nun so weit:
Sie geht für immer,
Er bleibt zurück.

Am Ende des Traums
Zerbrochenes Glück.
Stunden tauchen
Ins Abendrot.
Treulose Liebe
Holt sich der Tod.

Die natürliche Ordnung der Dinge

Schlechte Aussichten:
Weinende Kreaturen,
Fische schreien,
Tote Vögel im Watt.
Nichts hören,
Nichts sehen,
Nichts sagen.
Das große Fressen
Geht zu Ende.
Der Mars steht
Nah den Plejaden,
Der Stier hat seine Hörner
Nun auf uns gerichtet.
Die Konten eingefroren,
Kleingeld geronnen
Zu Staub.
Die natürliche Ordnung
Der Dinge
Ist gestört.

Die Reise

(für Matthias Wegehaupt)

Versunken hinterm Horizont
Das Land der Utopien,
Verloren und Vergessen
Die Insel – gescheitert am
Starrsinn der alten Männer.
Die Wellen schlugen
An die Ufer der Freiheit,
Löschten die Spuren
Der alten Zeit. Doch
Zerbrochen das Ruder am
Boot im „Schwarzen Schilf",
Größenwahn der Kapitäne
Verschlug es nach hier.
Silbern lockt das Meer
Ins Traumland hinter der Kimm.
Die Brandung überwinden,
Denn Segeln – das geht.

Die ungenutzten Stunden

Mein ungeborenes Enkelkind,
Dich hätt ich gern gekannt.
Hätt Blumen, Vögel, Bäume dir
Gezeigt am Wegesrand.

Die Großmutter starb früh,
Fuhr weg im schwarzen Wagen.
Ich war zu jung und hatte
Doch noch so viele Fragen.

Vater ging mir aus dem Leben,
Verließ die Erdenschwere.
Manches Wort blieb ungesagt,
Nun ist da eine Leere.

Die ungenutzten Stunden,
Sie holen uns wieder ein.
Wir schweigen bis zum Morgen,
Uns macht das Leben klein.

Diese Tür

In dieser Tür standst du
Als ich dich erstmals sah.
Durch diese Tür kam ich
Nach Hause zu dir.
Durch diese Tür führte
Unser Weg ins Glück.
Diese Tür schloss sich
Als du mit ihm gingst.
Diese Tür fällt nun
Letztmals ins Schloss.

Drei Wege

(für Dr. Gerhard Hofweber nach einem Motiv
aus seinem Buch „Das schöne Kind")

Geboren, um zu werden,
Werden, um dann zu gehn
Den Weg durchs eigene Leben,
Wenn Winde sich auch drehn.

Den rechten Pfad zu finden
Durchs einzig richtige Tor,
Ist schwerer als gedacht,
Steht man erst mal davor.

Letztlich ist jeder gezwungen,
Einen Weg für sich zu wählen,
Der möglich und gemäß ist,
Und niemand soll sich quälen.

Folgt man den vielen andern,
Gehts um Haben ganz allein.
Durchs größte Tor hindurch,
Gilt nur der äußere Schein.

Der schmale Weg der Mitte,
Das Tor hier schon viel kleiner,
Durchs Können sich verwirklicht
Von Zehnen meist nur einer.

Fast unsichtbar zur Rechten,
Die Pforte öffnet sich leise.
Wer selbst sich schätzt, geht hier.
Diesen Weg nutzen nur Weise.

Durch viel begangene Wege
Die Tore werden groß oder klein.
Es liegt in deiner Hand:
Haben, Können und Sein.

Duldung

Großes Maul und kleines Hirn,
So sind heute leider viele.
Verkleiden sich in feinem Zwirn,
Und spielen mit uns ihre Spiele.

Sie können alles, wissen Bescheid,
Ihr Götze ist einzig das Geld.
Sie glauben an Macht auf ewige Zeit
Und beherrschen uns und die Welt.

Alle paar Jahre dürfen wir wählen,
Ob der oder die uns regiert,
Unsere Stimme soll ja dann zählen,
Wir werden von Blendern verführt.

Es blüht das Geschäft mit den Lügen,
Politik wird es wohl genannt,
Dass Menschen sich selber betrügen,
Ist seit alten Zeiten bekannt.

Wie lange noch werden wirs dulden,
Wann hören wir zu pennen auf?
Wann zahlen sie ihre Schulden,
Wann endet der Ausverkauf?

Noch spinnen sie ihre Netze,
Noch ist es ihnen nicht bang.
Noch zählen ihre Gesetze,
Aber nicht mehr unendlich lang.

Einer ist schon tot

Das Klassenfoto fand ich
Versteckt in meinem Schrank:
Wir stehen auf dem Schulhof
Vor dieser alten Bank,
Auf der so manche Pärchen
Die ersten Küsse tauschten,
Wenn abends in den Eichen
Die Winde leise rauschten.

Mit Glanz in unseren Augen,
Die Zukunft schien uns offen,
Sie ist nun lang vergangen,
Und manches ließ uns hoffen.
Doch einer auf dem Foto aber,
Der ist schon lange tot.
Des Schicksals harte Hand
Stieß ihn vom Lebensboot.

Kennen wir vom Nächsten
Die Sorge, die ihn drückt,
Sein Wünschen und sein Hoffen,
Und das, was ihn beglückt?
Wir lächeln auf den Bildern,
Kannten noch keine Not,
Wir hofften auf das Glück,
Doch einer ist schon tot.

Einheitsfeier

Selbstgefällige Festredner,
Ein Halbsatz
Aus der Prager Botschaft,
Wünsche nach Bananen
Und Reisen nach anderswo
Als Triebkraft von allem.
Kein Wort über Gründe
Und Hintergründe.
Unergiebige Antworten
Auf nie gestellte Fragen.
Nichts war falsch
In der Fernsehdokumentation,
Jedoch eben auch nicht
Vollkommen richtig.
Geschichtsschreibung
Als kläglicher Versuch,
Vergangenheit zu erklären.

Entwicklung

In der Ecke, verstaubt,
Ein Stapel Schallplatten.
Darauf der alte CD-Player.
Im Ohrhörer mp3-Musik.
Vermeintlicher Fortschritt,
Allenthalben.
Und doch bleiben es immer
Bachs Goldberg-Variationen.

Erinnerung

Hör ich die alten Lieder
Sind die Gedanken weit.
Erinnerung kehrt wieder
An längst vergangene Zeit.

Der Kindheit frohe Tage
Voll Licht und Sonnenschein,
Ein Leben ohne Klage,
Im Glas blinkt rot der Wein.

Es fliegen dann die Träume
Bis in das Abendrot.
Der Wind küsst leis die Bäume,
Uns trennt auch nicht der Tod.

Erträumt

In meinen Träumen
Ein Land,
Die Sonne schien,
Nur Freude war dort,
Und Freundlichkeit,
Und Liebe.
Es war ein Land
Voller Güte.
Doch
Als ich erwachte,
Regnete es.

Es

Das namenlose Eine,
Entzieht sich dem Erkennen,
Ist groß und klein zugleich,
Hell und Dunkel, langlebig,
Und doch nicht von Dauer,
Ursprung und Ziel allen Seins,
Weg und Verheißung,
Du und ich im Wir vereint.
Auf dem Weg
Über den Regenbogen
Erreichen wir das Licht
In der Dunkelheit,
Um für kurze Zeit
In die Ewigkeit einzugehen.

Evas Zimmer

(in Erinnerung an Eva Strittmatter)

Dass also ihr Zimmer,
In dem sie ihre Zukunft aufbrauchte.
Sieben Fenster hat es,
Wie die „Mondrose" berichtet.
All die Bücher, ihr Leben,
Verdichtet auf ein paar Quadratmeter.
Das Bett, von dem aus sie
Die Welt ins Wort holte.
Das also ihr Zimmer,
Nun ohne Zukunft, aber
Mit sehr viel Vergangenheit.

Feuertanz

Am Morgen legen die Mächte
Der Vernunft sich zur Ruhe,
Es beginnt erneut der Kampf
In der Arena des Seins.
Anmut, Schönheit und Hass,
Güte und Feindschaft ringen,
Unsere Gunst zu erhalten.
Nur nachts tanzen die Geister
Um die Feuer in den Herzen.
Sie geben die Menschen kurz frei,
Sich zu entscheiden.
Für eine Zukunft in Frieden
Oder den Rückzug in die Barbarei.
Wieder ein Tag und erneut, wie
Seit dem Anbeginn der Zeit,
Fiel die Entscheidung nicht.

Frage eines Nichtchristen

Ich bin kein Christ,
Doch an so manchen Tagen,
Da lese ich Bibeltext,
Und es kommen Fragen.
Ich bin kein Christ,
Doch ich versuch
Antwort zu finden
In dem Buch.
Ich bin kein Christ,
Doch was geschähe,
Wenn Jesus hier und jetzt
Unser Tun besähe?
Ich bin kein Christ
Drum frag ich Funktionäre,
Ob Jesus heute hier bei uns
Freund einer C-Partei wohl wäre?
Ich bin kein Christ,
Deshalb kann ich es nicht sagen,
Bin nur ein kleiner Mensch
Mit seinen dummen Fragen.
Ich werde kein Christ mehr,
Und doch glaube ich echt,
Wäre Jesus heute hier,
Das Linke wäre ihm recht.

Fragen

Deine Spuren
Im Schnee
Sind fort
Mit der
Märzsonne.
Wohin geht
Das Winterweiß,
Wenn es taut?
Wohin geht
Das Himmelsblau
Am Abend?
Wohin gehen
Wir am Ende
Der Reise?
Das Blau
Erwacht
Aus dem Dunkel
Am Morgen.
Der Schnee
Kommt wieder
Als Regen
Im Sommer.
Und wir?

Fragen zur Baumblüte

Wie viele Frühlinge noch
Werde ich diesen Baum
Blühen sehen,
An den ich mich lehne
Und darüber nachdenke,
Wie viele Frühlinge ich ihn
Noch blühen sehen werde.
Er blüht mit einer Kraft,
Die allen Widersprüchen
Zu widersprechen scheint.
Die Farben seiner Blüten
Changieren in diesem Jahr
Ins Unendliche.

Freunde

(für Barbi und Rolf)

Freunde sind, mit denen
Bei Bratwurst und Bier
Ich Weltprobleme löse
Bis morgens um vier.
Und Dunkelstunden
Zerreden kann,
Bis wir uns einigen,
Irgendwann.

Freunde sind jene,
Mit denen beim Wein,
Rot blinkend im Glase
Bei Kerzenschein,
Unterm Vollmondlicht
Ich anderer Meinung bin.
Und trotzdem ist jedes
Gespräch ein Gewinn.

Freunde sind selten!
In Zeiten von heute
Gibts wenige Menschen,
Und ganz viele Leute.
Drum halt ich sie fest,
Die Freunde fürs Leben,
Weil Hilfe und Hoffnung
Und Mut sie mir geben.

Frühling im Osten

Wir gehen durch die Wiesen,
Das Weiß der Birken wird vom Wind geküsst.
Sonnenstrahlen tanzen auf den Zweigen,
Gewissheit nun, dass wieder Frühling ist.

Ein Rotmilan zieht seine weiten Kreise,
Die Wolken fahren schnell im Himmelblau.
Gurgelnd ein Bächlein fließt zu Tal,
Und an den Halmen glänzt der letzte Tau.

Wir wandern lautlos in der Stille,
Halten einander fest uns bei der Hand.
Fast ganz verheilt die Wunde in der Seele,
Die man vor Jahren hat uns eingebrannt.

Für immer

Alles zur Ware
Verkommen,
Akzise der Macht.
Auch du und ich,
Deine Gesundheit,
Wasser und Boden,
Wald und Wiesen,
Brot der Hungernden.
Unsere Wünsche
Mit Steuern belegt.
Nur die Liebe bleibt
Unerreichbar für SIE,
Die mit offener Hand
Nehmen und blind
Sind für Leid.
Deine Liebe zu mir,
Meine Liebe zu dir,
Unschätzbar,
Unbezahlbar,
Für immer.

Geburtstag

Wieder ging ein Jahr dahin,
Als wär es mit dem Wind verflogen.
Ich suchte Halt und suchte Sinn,
Hab heute die Bilanz gezogen.

Es waren gute, warme Tage,
Mit Helligkeit und manchem Schatten.
Ehrlich ist, wenn ich nun sage:
Schöne Zeit wars, die wir hatten.

Und schenkt mir keine teuren Sachen,
Ich wünsch mir nur ein wenig Zeit,
Schenkt mir euer lautes Lachen,
Und wichtig auch: Geborgenheit.

Wie viele Jahre bleiben mir
Auf abschüssigen Wegen?
Und find ich immer noch zu dir,
Nach Wintersturm und Regen?

Ich will für mich nur kleines Glück,
Und geh gelassen weiter.
Nehm meinen Weg auf – Stück um Stück,
Bin wohlgestimmt und heiter.

Ob mir gelingt das leichte Sein,
Das weiß ich leider nicht.
Genieß den Tag mit Sonnenschein,
Im hellen, sanften Licht.

Gedanken am Altar der Wahrheit

(im Seifersdorfer Tal)

Vor langen Jahren gehauen,
Die Worte in rauen Stein.
Der Altar im verwunschenen Tale,
Soll der Wahrheit gewidmet sein.

Doch was alles, frage ich, wurde
Schon geopfert auf diesem Altar?
Umrankt ist er von den Lügen,
Die einstmals man hielt für wahr.

Im Mittelpunkt steht der Mensch,
Verkündet man einstmals der Welt,
Doch wie wir nun alle wissen,
Steht dort nur meistens das Geld.

Niemand habe die Absicht,
Eine Mauer zu bauen um die Stadt.
Auch das ein Opfer der Wahrheit,
Wie sich herausgestellt hat.

In Kriegen und nach den Wahlen
Stirbt die Wahrheit den leidigen Tod.
Versprechen werden gebrochen
Noch vorm ersten Morgenrot.

Auch Journalisten im Lande
Dienen vorrangig nur ihrem Herrn.
Reden von Freiheit der Presse, doch
Verschleiern die Wahrheiten gern.

Es gibt noch ganz andere Dinge,
Die eingeredet man uns hat,
Durch Privatisierung wirds besser,
Mittlerweile hat das mancher satt.

Wir müssen betteln um Kuren,
Die Kassen geben kein Geld.
Ärzte sind jetzt Unternehmer,
Das will kein Mensch auf der Welt.

Tagtäglich wird uns geboten
Frei Haus ein Theaterstück.
Sie reden, schwafeln und streiten
Und nennen das dann Politik.

Vermutlich wird man in Zukunft
Ihn brauchen noch für lange Zeit.
Um auf dem Altar immer wieder
Zu opfern die nächste Wahrheit.

Gedanken über Farben

Blau der Himmel, in dem
Vereinzelt helle Wolken schwimmen.
Weiße Blüten an den Bäumen,
Frisches Gras mit gelben Blumen,
Scharbockskraut und Löwenzahn.
Farbenpracht einer Welt, deren Zukunft
Ich keine Farbe zu geben vermag.
Früher offiziell rosig gemalt,
Wurde sie zusehends dunkler,
Heute tendiert sie ins grauschwarze.
Das ist nicht gut, meine ich,
Und male in Gedanken einen
Grünen Strich der Hoffnung darüber.

Gnade

Im Mondlicht liegen
Weite Felder.
Dunkel rauschen
Am Abend die Wälder.

Die Stille singt,
Geheimnisse ahnen.
Unsere Wünsche
Brechen sich Bahnen.

Ich fühle sie oft,
Die Gnade der Bäume.
Denn in ihren Schatten
Reifen die Träume.

Vergangenes Hoffen,
Zukunft im Licht.
Bald liegt unser Wollen
Im stillen Verzicht.

Gras

Du Immergrünes,
Unterm letzten Schnee,
Bist die Hoffnung nun
Auf Licht und Wärme.
Deine Nachbarin,
Das Gänseblümchen,
Lächelt vor Glück,
Bei dir zu sein.
Am Sommermorgen glänzen
Diademe in deinem Haar.
Die Sonne trinkt davon
Und strahlt im Blau des Tages.
Bist Nahrung, bist Rastplatz,
Bist Ruhepol für müde Augen.
Überall bist du zu Hause,
In der Steppe, im Gebirge, am Meer.
Deine stärksten Halme wachsen
Nach dem größten Sturm.
Selbst im Tode, als Herbstheu,
Erfüllt dein Duft
Die Sehnsucht nach Ferne.
Dabei bist du doch nur
Gewöhnliches Gras.

Heimat I

Ich würde niemals
Wurzeln schlagen,
In fremder Erde,
In fernem Land.
Würde welken
Und vergehen,
Blume ohne Regen
Im heißen Wüstensand.

Denn ich kann nur
So richtig blühen
Auf Heimatboden
Und mit dir.
Sehnsuchtsvolle
Stille Träume,
Ein Leben lang,
Erfüll sie mir!

Heimat II

(für Gudrun)

I
Schallendes Lachen,
Durch alte Gassen,
Schritte auf Pflaster,
Die grauen Steine sprechen
Zur Stille.
Wind am Marktplatz,
Wilde Staubteufel.
Das Leben verwiesen
An die Peripherie.
Alle Paradiese
Bereits geschlossen.
Jenseitige Himmel,
Vom Möglichen
Nichts mehr sagbar.

II
Im Licht der Sonne
Hitzeflirren überm Asphalt
Geistertänze

III
Mauern aus Stein,
Geschichte,
Zu Asche geronnen.
Schatten alter Bäume
Liegen lautlos
Auf dem Bergfried.
Im Blätterrauschen
Die Rufe der Engel
Aus den Tiefen der Zeit.
Im zerstörten Palas
Das Echo
Tausender Stimmen,
Ein Hauch von
Ewigkeit.

IV
Auf der Turmspitze
Im Abendlicht singend
Eine Amsel

V
Sanguinische Landschaft,
Winterweißer Zauber.
Im Frühling übervoll
An drängendem Leben.
Hügel ohne Ziel,
Der Weitblick
Grandios.
Felsige Berge, Wälder
In greifbarer Nähe.
Ahnungen
Im Nebel aus Zeit.
Herbstgelb leuchtet
Bergahorn
Über den Schlüchten.

VI
Vor Äonen
Ein Meer in der Kreidezeit
Ohne Schiffsverkehr

VII
Am Teich sitzen,
Ein Rohrsänger schrillt.
Sanfte Wellen
Spülen Sekunden
Ans sandige Ufer.
Im Schilf
Ein Reiher,
Ausharrend, wartend.
Gedanken fließen
In jenseitige Fluten.
Unter der Oberfläche
Eine andere Wahrheit.
Und das Glück
Kommt aus der Tiefe.

VIII
Ungeduld und Gier
Triebkraft Unzufriedener
Unter den Menschen

Herbstgedanken

(für Gudrun)

Sturm raunt im Gezweige,
Er gibt heut keine Ruh
Leis flüstern Regentropfen
Dem Wald Geschichten zu.
Die Bäume nebeln ein,
An Kraft verliert ihr Grün.
Langsam ergraut das Jahr,
Und letzte Blumen blühen.
Es sind die alten Sagen
Vom Werden und Vergehen,
Die mit den kalten Lüften
Zu uns herüberwehen.
Es naht erneut ein Ende,
Der Regen redet leise,
Er macht den Blättern Mut
Für ihre kurze Reise.
Jetzt kommen finstre Nächte,
Laub tanzt mit dem Wind.
Der Tag hat lange Schatten,
Und ich bin wieder Kind.
Hoffnung auf neues Grünen,
Jahre drehen sich im Kreise.
Allzeit Kommen und Gehen
Auf unsrer Lebensreise.

Herbstzeit

(frei nach Rainer Maria Rilkes „Herbsttag")

Politiker, es ist an der Zeit.
Der Sommer war groß.
Nun legt sich ein Schatten auf das Land,
Und überall ist der Teufel los.

Schenke den Menschen reinen Wein ein;
Gib ihnen Antwort auf jede Frage,
Dränge sie zur Erkenntnis hin und jage
Nicht letzte Hoffnung aus ihrem Sein.

Wer jetzt keine Heimat hat, findet keine mehr.
Wer jetzt ohne Freunde ist, wird es lange leiben,
Wird als besorgter Bürger Antworten suchen
Und auf den Straßen marschieren, hin und her,
Egal, was die Zeitungen schreiben.

Hinterm Horizont

Auf meiner Fahrt
Vom Gestern ins Morgen,
Angekommen am Ozean
Der Unendlichkeit,
Blicke ich zurück,
Nachdem die Sanduhr
Meines Lebens
Sich drehte, die Zeit
Nun rückwärts läuft.
Ich sehe neben
Meiner kurzen Spur
Nutzloses Strandgut,
Das die Leere nicht ausfüllt,
Sehe das Lachen,
Das bitterer wurde mit den Jahren.
Muss weitergehen am Ufer
Bis ins Meer.
Wo ich irgendwann
Eingehen werde in das Unbegreifliche,
Denn nur Sonne und Mond wissen
Um den Reichtum
Hinterm Horizont.

Im Dittersbacher Park

Hinterm Schloss der große Park
Lädt ein uns zum Verweilen,
Denn sein Geheimnis will er nun
Im Blätterrauschen teilen.

Es weht ein Hauch aus alter Zeit
Unter Eichen, Buchen, Linden,
Und ringsumher auf allen Wegen
Die Sehnsüchte sich finden.

Beim Tempel oben treffen sich
Die Geister dann zur Nacht,
Nach altem Brauch sie tanzen,
Empfindsamkeit erwacht.

Durchs Tor hinein ein helles Licht,
Halt inne, um zu träumen,
Im Klang der Morgennebel steht
Die Göttin unter Bäumen.

Im Mondlicht

Wenn in der Abendkühle
Der Tag sich legt zur Ruh,
Im Mondlicht geistern Schatten,
Dann schließ die Augen zu.

Hör auf das leise Wispern,
Der Wind trägts übers Feld.
Zur Neige geht der Tag,
Entschlafen will die Welt.

Begrabe deine Wünsche,
Lass all das Jagen sein.
Umarme deine Liebsten
Und trink vom letzten Wein.

Nimm diese dunklen Stunden
Als Teil des Tages an.
Versöhn dich mit dem Leben,
Tu es jetzt, nicht irgendwann.

Immer wieder

Wieder ist Frühling
In lenzjunger Luft,
Der Blüten verzaubernd
Betörender Duft.
Wieder ist Hoffnung
Auf neuen Beginn,
Auf sorgloses Leben
Und tieferen Sinn.
Wieder ist Freude
An Formen und Farben,
Wochen der Kälte
Schufen uns Narben.
Wieder ist Singen
Der Vögel im Blau.
Wärmere Tage,
Ich fühl es genau.
Jetzt nun kommt
Wie jedes Jahr wieder,
Die Zeit des Blühens
Von Bärlauch und Flieder.
Die Amseln singen
Am Abend im Baum.
Ich hör es und wieder
Erfüllt sich ein Traum.

Junger Physiker

Im Eiskaffee
Auf die Frage,
Wo er sitzen möchte,
Schatten oder Sonne,
Antwortet der Steppke
In der Sonne
Schmelzt das Eis.
Erste Schritte
Zum Begreifen der Welt.
Der Vater verbessert,
Es heißt schmilzt.
Prompte Reaktion:
Warum?
Möge sein Hinterfragen
Von Dauer sein!

Konstellation

Am Abendhimmel
Venus bei den Plejaden.
Was sagt uns das:
Die Göttin der Liebe
Unter sieben Jungfrauen?
Die Tauben fliegen noch,
Von Orion verfolgt.
Ist Gefahr in Verzug?
Oder ist es doch nur
Reine Himmelsmechanik?

Kopf oder Zahl

Sommer und Winter, Tag oder Nacht,
Das Leben lieben oder es hassen,
Die Welt ist lang nicht perfekt,
Du kannst etwas tun oder es lassen.

Bei allen Dingen gibts zwei Seiten,
Wie jede Münze: Kopf oder Zahl.
Immer haben wir zu entscheiden,
Es liegt bei uns, wir haben die Wahl.

Und ist die Zahl derzeit auch oben,
Geld regiert die Welt auf Dauer nicht.
Wir sind zum Menschlich-Sein geboren,
Die Zukunft fordert den Verzicht.

Irgendwann liegt oben dann Kopf,
Vernunft die Unvernunft besiegt.
Der Weg wird steinig sein und hart,
Wenn niemand sich mehr selbst belügt.

Laotses Wahrheiten

Wer die anderen kennt, gilt wohl als klug,
Wahrheit nie in schöne Worte sich kleidet.
Weise ists, sich selbst zu erkennen, wissen
Dass schönes Wort die Wahrheit vermeidet.

Die Schwäche besiegt das Starke der Welt
Und Hartes unterliegt oft dem Weichen.
Wie das Wasser den rauen Felsen zusetzt,
Kann überhaupt nichts im Leben ihm gleichen.

Rückzug erscheint als des Fortschrittes Sinn
Und Nichthandeln das beste Tun in uns weckt.
Unter den Füßen beginnt jede weiteste Reise,
Findet Geschmack an dem, was nicht schmeckt.

Wer das Viele im Wenigen fähig ist, zu sehen,
Der kann auch im Kleinen das Große benennen.
Zu viele Wünsche sind das Übel der Welt,
Weil die Menschen kein Genügen mehr kennen.

Über männliches Treiben und Tun im Land
Die weibliche Stille zum Sieg meist gerät.
Große Länder, die soll man regieren
Wie der Mensch die kleinen Fischlein sich brät.

Wer festhalten will, wird die Dinge verlieren,
Das Glück auf dem Unglück ruht in der Zeit.
Will jemand gewinnen die Welt für sich,
Muss er frei sein von jeder Geschäftigkeit.

Nicht lernen und trotzdem die Welt erkennen,
Ohne das Haus durch die Tür zu verlassen.
Zehntausend Dinge entstehen aus dem
Nichtsein,
Das Tao ist niemals in Worte zu fassen.

Im Yin und Yang schließt sich unser Kreis:
Werden, Vergehen, bedeutend und klein.
Je weiter der Mensch in die Welt hinauszieht,
Umso geringer wird sein Wissen dann sein.

Weise lebt, wer einen Fluss durchquert
Langsam und zögernd, wie in der Winterzeit.
Die Speichen umgeben das Rad mit der Nabe,
In ihrem Nichts besteht seine Brauchbarkeit.

Der Weise wirkt wie ein Gast in der Welt,
Behält nicht, wenn sein Werk ist vollbracht.
Ist gut zu allen, denn das Leben ist Güte,
Hat die Herzen der Menschen zu seinem
gemacht.

Wünscht nicht das Glänzen des teuren Juwels,
Sondern die rohe Rauheit von Stein.
Wer seine Gedanken den Enkeln vererbt,
Der hört niemals auf, im Leben zu sein.

Meidet zu sehr, zu viel und zu groß.
Ein guter Wanderer lässt keine Spuren zurück.
Der weise Redner muss nichts widerlegen.
Wahret die Stille für wirkliches Glück!

Lass uns
(für Gudrun)

Lass uns einmal noch,
Einander die Hand haltend
Im Licht der vergehenden Jahre,
Durch die Wiesen streifen,
Auf denen wir lagen
In jüngeren Tagen.

Lass uns dann lauschen,
Dem Schlag unserer Herzen,
Gleichklang in dunkelnden Stunden.
Lass Pfade uns finden,
Am Abgrund der Zeit,
Uns liebevoll stützend zu zweit.

Lass uns nun gehen
Durch taunasse Gräser,
Am Morgen der Hoffnung,
Vom Wind sanft umspielt.
Lass gemeinsam Zeit uns verbringen,
Und unsere Ohnmacht bezwingen.

Lauf der Dinge

Die Jahre werden mehr,
Und die Tage kürzer,
Stunden vergehen schneller.
Viel Unbekanntes
Noch immer.
Als Minuten sich dehnten
In die Unendlichkeit,
War Zeit Überfluss.

Jedoch
Nicht Mangel an Zukunft,
Das Fehlen von Interesse
Lässt uns alt werden.

Leben I

Ich treibe fort
Im Strom der Zeit,
Bin oft das Boot,
Nur selten Steuermann.
Trotz Nacht und Sturm
Zur Fahrt bereit
Und halte Kurs,
So gut ich kann.

Niemals genug
Auf dieser Reise
Und doch von allem
Stets zu viel,
Das Schicksal spricht
Mal laut, mal leise,
So geht es hin,
Des Lebens Spiel.

Leben II

Feuertropfen aus Eis,
Wind im Weizenfeld und
Tau auf den Gräsern.
Lichtspur am Firmament,
Verhallender Ruf im Tal.
Leben, das wir führen
Auf den Gleisen der Pflicht.
Wir kennen einander zu wenig,
Vertrauen nicht dem Gefühl.
Kalte Winde künden
Vom Nahen des Winters.
Schweigen wird bleiben,
Unbeantwortete Fragen
Steigen auf zu den Sternen.

Lichtzauber

Wenn am Abend der Tag verlischt,
Die Blicke frei und verborgene Dinge
Greifbar werden, dann wandert
Unser Herz hinaus über die Hügel
Und steigt auf über die Wolken.

Es wartet als Stern unter Sternen
Auf das Vergehen der dunklen Zeit.
Tausende Sterne, Tausende Herzen,
Würdige Lichter in mondloser Nacht,
Die Nebel gehn still über die Felder.

Alle Liebe, alle Hoffnung steht jetzt
Gemeinsam am Himmel vereint.
Die Lichter der Milchstraße sind
Milliarden Zeichen voller Güte,
Unbenennbar, unzerstörbar, ewig.

Wenn am Morgen der Tag dann
Wieder über dem Fluss dämmert,
Kommen die Herzen voll Zuversicht
Erneut zu den Menschen zurück,
Verzaubert im kosmischen Glanz.

Mahnung

Winterruhe
Über den Wipfeln,
Rabenrufe im Geäst.
Schales Sonnenlicht
Bricht sich Bahn
Durch graue Nebel.
Leere im Herzen
Werte ohne Herz,
Stumme Sprachlosigkeit.
Die Stille des Tages
Mahnt mich
Zu lautem Schrei.

Mangel
(frei nach und in Erinnerung an Heinz Kahlau)

Wir leben im Überfluss,
Haben von allem zu viel,
Jederzeit fast alles zur Verfügung,
Sind satt in unserer Überfülle,
Wir könnten glücklich sein.
Woher aber kommt dann
Unser Mangel
An Freundlichkeit?

Meine Freunde

Verbogene Bretter,
Schwerste Last.
Eng beieinander
Brisantes Material,
Durchaus Sprengstoff.
Weil ihre Nähe
Verändert und bildet,
Wurden sie verbrannt,
Geächtet oder verboten.
Die sie schufen,
geehrt oder verachtet,
Je nach Weltlage.
Mein Regal ist voller
Rebellischer Klassiker
Und moderner Anarchisten.
Bücher – meine stillen,
Subversiven Freunde.

Mensch im All

Geboren aus Sternenstaub
Auf einem blauen Punkt
In der Unendlichkeit.
Unsere Spuren verlieren sich
In Äonen zwischen
Feldern und Kräften.
Vergangenheit und Zukunft,
Augenblicke von Hoffnung
Und Resignation.
Aufgehoben sind Raum und Zeit
Durch Liebe und Menschlichkeit.
Doch zu höchstem fähig,
Fallen wir tief.

Mit allen Sinnen

Manchmal höre ich
Leise Stimmen im Wind,
Rufe von fern her,
Aus Zeiten als Kind.

Manchmal schmeck ich
Salz auf den Lippen,
Gischt von den Stürmen
Über den Klippen.

Manchmal fühl ich
Im Licht unserer Zeit
Leere und Kälte,
Durch lieblosen Streit.

Manchmal riech ich
Die lenzfrische Luft,
Den ährenden Sommer,
Vom Herbstheu den Duft.

Manchmal seh ich
Erinnerungsschatten
Der glücklichen Tage,
Die gemeinsam wir hatten.

Manchmal denk ich
So nah ist das Glück,
Ich könnt es ergreifen
Mit kleinem Geschick.

Mitmenschen

Der Mitmensch ist gelegentlich
Nicht ganz bei Trost, so finde ich.
Es gibt, und das gilt nicht nur heute,
Schon manchmal merkwürdige Leute.

Denn macht mal einer irgendwas,
Kommt gleich wer, den stört dann das.
Sagt die Regierung, wir tun dieses,
Vermutet er gleich ganz was fieses.

Man tut ihm niemals etwas Rechtes,
Stets findet er an allem Schlechtes.
Ob Sonne, Nebel oder Regen,
Er ist erst einmal nur dagegen.

Wenn so ein Mensch in seiner Not
Einmal verschieden ist und tot,
Dann wird er selbst im Sarg noch streiten,
Man sollte solche Leute meiden.

Modebetrachtung

Es wandeln sich Zeiten,
Man kann sich zerstreiten,
So mancher trägt schick,
Einen Schal ums Genick,
Auf der Glatze den Hut,
Es geht ihnen gut.
Und sie sind elegant
Mit dem Neusten zur Hand.
Sie wissen Bescheid,
Wie es ist dieser Zeit.
Sind stets informiert,
Niemals irritiert.
In mancherlei Dingen
Ist nichts beizubringen.
Ganz ohne viel Qual
Treffen sie ihre Wahl.
Und man merkt nun genau,
Das Braun ist jetzt blau.

Morgens

Überfülle an Blüten
In frischem Morgentau,
Im Meer von Schaumkraut
Ertrinken unsere Gedanken,
Und dann im Grün
Vergissmeinnichtblau,
Dies Hoffnungsblau.
Und ich befrag
Den lachenden Grünspecht.
Er steckt uns an
Mit seinen Gewissheiten.
So gehn wir in den Tag.

Mühelos

Am Nachmittag
Meines Lebens
Steh ich am Teich,
Staunend und schau,
Mit welcher
Leichtigkeit
Die Seeschwalben
Durchs Leben gleiten.
Mühelos scheinbar
Schweben sie
Über den Wellen,
Schreiben Zeichen
In die Bläue
Und ahnen nichts
Vom Ende des
Sommers.

Namenlos

Ein blasser Mond,
Im Blau schwimmend,
Er kennt meinen Namen nicht.
Hinter Schleiern die Sonne.
Unklare Tage, Licht der Lüge,
Trugbild von Erwartungen.
Die Zukunft, die Unbarmherzige,
Nimmt uns mit großen Schritten
Mit sich fort. Auch sie
Kennt meinen Namen nicht.
Deine Spuren im Sand
Verlieren sich am Horizont,
Und der Wind der Zeit
Verweht alle Gedanken.
Kanntest du meinen Namen?
Worte, geschrieben im Staub
Der Vergangenheit. Im Spiegel
Menschen ohne Gesichter.
Doch auch ich
Kenne ihre Namen nicht.
Namenlos ist
Der Ursprung der Dinge.

Naturgott Puschkaitis

Zur heißesten Stunde
Gegen halb zwei
Unterm Holunderbusch,
Die Sonne brannte,
Traf ich auf IHN,
Still stand die Zeit.
Und er sprach davon
Was er einst kannte:
Von betörenden Düften
In südlichem Licht,
Von Frauen und Männern,
Die lebten bescheiden,
Von Achtung und Liebe
Und von der Schuld,
Weil sich Mensch und Natur
Auf Dauer entzweiten.
Dann brach ich die Blüte
Des weißen Holunder,
Der Alte verschwand,
Kam nie mehr zurück.
Mir blieb nur der Duft
Der betörenden Blüten,
Zur heißesten Stunde
War das mein Glück.

Nebelmorgen I

Geheimnisvolle Geister,
Abgründiges Licht.
Ein Morgen der Ruhe,
Selbst die Weiden
Schweigen.
Dann aber bricht
Durch die Wolken
Ein blauer Tag.
Und hinterm Nebel
Konturen der Hoffnung.
Im Rausch der Stille
Das Leben und WIR.

Nebelmorgen II

Der graue Tag langsam erwacht,
Seine Augen sind noch halb geschlossen.
Über die lange Nacht hinweg
Hat viele Tränen er vergossen.

Jetzt liegt die Stadt ganz still,
Die Nebel ziehen durch die Gassen.
Schemenhaft stehen ihre Türme,
Alles scheint tot und verlassen.

Der Tag gleicht unserem Leben,
Wir nehmen nur undeutlich wahr.
Vieles bleibt lange verborgen,
Zu spät wird manches erst klar.

Neue Dichtung

Ich schrieb ein Gedicht
Über lärmende Stille,
Und taghelle Dunkelheit.
Ich schrieb vom
Sauberen Schmutz
Und vom weinenden Lachen.
Die lebenden Toten
Sollen es schweigend rezitieren.
Sie rufen lautlos
In die Nebel aus Licht.
Dass es Mahnung sei
In vergangener Zukunft,
In die wir frontal und direkt
Auf Umwegen zusteuern.
Ich schrieb dieses Gedicht
Morgen, als mein Heute
Gestern war.

Niederspree

In deinen Augen
Der Glanz
Dieses Morgens,
Golden und klar.
Geisterhafte Wälder
Mit russischer Seele
Sprechen lautlos.
Ohne Eile ein Entenpaar,
Seeadlerrufe überm Wasser.
Der Wind lässt sanft
Silberne Wellen schlagen
Im geheimnisvollen Schilf.
Leises Flüstern
In knorrigen
Uralten Eichen.
Und manchmal liegt
Südliches Licht
Über unseren
Nördlichen Teichen.

Nördliche Sehnsucht

Über der See rotgeflammter Horizont,
Das Fernweh erwacht,
Und die Einsamkeit, mit den Wellen
Der Brandung kommt die Nacht.
Im Sternenmeer versinken Gefühle,
Meine Träume und der Seewind
Tragen sie zu dir und Kühle
Umfächelt meine Stirn, knapp
Vor dem ersten Morgendämmer
Möwenrufe, ein Schiff legt ab
Auf dem Weg nach Norden.

November

Stille Wälder,
Kahle Äste,
Frühes Dunkel.
Wir gedenken der Toten
Und denken
An uns, die wir noch
Hier sind, im Heute,
Im Dämmerlicht
Des Herbstes,
Wenn das Jahr sich neigt.
Buntes Laub,
Die Straßen grau.
In Pfützen spiegeln sich
Laternen,
Die den Weg ausleuchten
Hin zur Nacht.
Noch glauben wir
Am Morgen,
Dass auch heute
Wieder Licht wird
Auf unserem Gang
Ins Nichts.

Ostwärts

An diesem Nachmittag
Steht der Mond schon
Zwischen den Wolken.
Später Wind
Streicht über die Gräser.
Gedanken an Zeiten,
Als Zukunft Hoffnung hieß.
Der Horizont ist
Schon leicht gerötet.
Die Sonne im Rücken,
Wandern wir ostwärts,
Mein Schatten
Und ich.

Ottos Semmel

Otto sitzt wie immer
Sonntags im Frühstückszimmer,
Der Tisch gedeckt mit allem,
Was ihm könnt so gefallen:
Honig und Margarine
Erhellen seine Miene.
Als ein geübter Esser
Greift er zum scharfen Messer,
Berührt des Brötchens Kruste
Und schon gibt es Verluste,
Zerkrumt im Augenblick,
Trotz noch so viel Geschick.
Der Otto sieht bald ein,
Dies Backwerk ist nicht fein.
Mit ihr stehts nicht zum Besten,
Der Semmel aus dem Westen.
Zum Glück gibt es noch Bäcker,
Die früh sich stellen den Wecker.
Sie kneten noch und formen,
Mit Aufwand, dem enormen.
Fein glänzend, nicht zu braun,
Freut Männer und auch Frauen,
Und jeder will sie kosten,
Die Semmel aus dem Osten.

Pandemie-Kakophonie

Ich sagte es dir.
Du sagtest es ihm.
Er sagte es ihnen.
Sie sagten es auch.
Es wurde gesagt.
Wir alle sagten es.
Ihr sagtet es weiter.
Doch
Sie alle kannten
Die Wahrheit nicht.

Prinzenträume

Das Fräulein dachte lange nach,
Ob sie den Frosch sollt küssen.
Und tat es dann – obwohl,
Hätts besser wissen müssen.
Es wurde nur ein Kuss
Von sehr, sehr kurzer Dauer.
Der Lurch lag viel zu lange schon
Im Schatten auf der Mauer.
So manche Maid verschmähte ihn
Und wollt ihn nicht berühren.
Das Fröschlein träumte wochenlang
Von Liebeslust und vom Verführen.
Und über diesen Träumen
Vergaß der Kerl zu leben.
Dabei hätt er, so wie er war,
Viel Gutes abzugeben.
Als ihn das Mägdlein küsste,
Im frühen Abendrot,
Da wurde er kein Prinz,
War auf der Stelle tot.
Traurig und wahr zugleich,
Verfehlt wird manches Ziel.
Viel Zeit bleibt ungenutzt,
So ist des Lebens Spiel.

Ragnarök

Die Esche verliert ihre Blätter
Im Wind, der von fern her weht.
Der Baum wird nie wieder blühen,
Weil bald mit dem Tag er vergeht.

Die Sterne verlöschen am Morgen,
Dann hängt der Mond in den Zweigen,
Die Götter verlassen den Himmel,
Sie werden den Weg uns nicht zeigen.

Die Erde stirbt tausende Tode,
Sie kann auf Menschen nicht bauen.
Flammen verschlingen das Leben,
Wir können auf nichts mehr vertrauen.

Die Schuld ist zu groß geworden.
Zu Höherem warn einst wir geboren.
Wir haben den Himmel berührt
Und doch nun bald alles verloren.

Rindviecher

Auf der Wiese steht eine Kuh,
Ich habe Zeit und schaue ihr zu,
Und frage mich, wo bei dem Rind
Unterschiede zu uns Menschen sind.
Vorne fressen, hinten scheißen
Kann es ja noch nicht beweisen.
Auch laut blöken kann das Tier.
Heftig schreien tun auch wir.
Wir können schrill sein wie eine Tröte,
Dass man uns Aufmerksamkeit böte.
Besonders manche Zeitgenossen
Schreien laut und unverdrossen,
Geben zu allem ihren Senf,
Sie sitzen in Berlin und Genf,
Und reden, sind die Neunmalklugen,
Die Welt geht dabei aus den Fugen.
Die Kuh gibt Milch für ihre Kinder,
Die klauen wir, wir sind wie Sünder.
Machen Käse draus und Quark,
Und dabei fühlen wir uns stark.
Es ist kein Handel, den wir treiben,
Es ist das reine Einverleiben.
Wir beuten aus, wir sacken ein,
Unser Tun ist gar nicht fein.

Wir streuen Gift auf jedes Feld,
Denn unser Maßstab ist ja Geld.
Dann ernten wir und fressen es,
Scheinbar schmeckt das Zeug, indes
Die Kliniken sind jederzeit
Gegen gutes Geld bereit,
Die Kranken mit dem Krebsgeschwür
Später zu behandeln hier.
Schon bald, da haben wir es geschafft,
Insekten hats dahingerafft.
Wir müssen, wollen wir Äpfel essen,
Selbst Blüten hin zur Frucht erpressen.
Mit Pinsel bewaffnet stehn wir im Baum,
Und aus ist der alte Menschheitstraum
Vom Bewahren der Schöpfung auf Erden hier.
Ja, der Mensch als Gewohnheitstier
Hat es nicht leicht, mit dem was er tut.
Wenn ich dran denke, bekomme ich Wut,
Und beschaue noch immer das schöne Rind,
Ich frag mich, ob WIR die Rindviecher sind?

Schwalbenhimmel

Erste Schwalben gaukeln in der Sonne,
Jene, die noch keinen Sommer machen.
So zart, wie die Blüten der Bäume,
Lautlos, sind sie das Versprechen
Auf das Kommende, das Bessere,
Das vielleicht doch wahr werden kann
In einer Zukunft, die im goldenen Licht
Des verlöschenden Tages ahnbar ist.
Sie ist fragil, wie die pfeilschnellen
Flugkünste der Mehlschwalben.
Erst am Morgen werde ich wissen,
Ob die Vögel als Propheten taugen.

Selbstvergewisserung

Vergissmeinnicht –
Das Sehnsuchtsblau,
Die Amsel singt
Im Morgentau.
Ein Blütenbaum
Ist mein Gewinn,
Nun ist es sicher:
Dass ich bin.

Septemberabend

Sanftes Licht,
Ahnung von Sommer,
Mühe letzter Bienen
Im Rausch des Abends.
Stare täuschen uns.
Hinter goldenen Schleiern
Eine Zukunft,
Verborgen im Land der Tränen.
Ich werde gewahr:
Warme Zeit ist Vergangenheit.
Die Winde werden rauer,
Stunden gehen zur Neige.
Trotzdem
Gemeinsam weitergehen.
Die Nacht kann kommen
Nach den lebensvollen Tagen.
Und dein Blick ist offen.

Sonnenuntergang

Gold glänzend will der Tag sich neigen,
Die Weite um uns hält den Atem an.
Des Alltags Hektik hüllt sich hier in Schweigen,
Die Sternennacht zieht nun in ihren Bann.

In Mondlicht eingetaucht ist dann die Welt auf
Erden,
Vergessen auch die Sorge um das Sein.
Des Menschen Geist will groß und größer
immer werden,
Indes die Sterne zeigen ihm: noch immer ist er
klein.

Sonntagmorgen

Eine Goldammer singt,
Die Ähren wogen im Wind,
Eichenblätter rascheln.
Kirchengeläut von fern,
Feiertagsstimmung
Unterm Himmelsblau.
Meine Gedanken
Schweifen,
Sind bei dir,
Die nicht hier ist.
Und die Goldammer
Singt noch immer.

Spätsommer

Die Vögel schweigen,
Über dem Staub der Straße
Liegt Stille.
Trockengefallen der Weiher,
Vereinzelt im Gras zirpt
Eine Grille.

Gedankenvögel fliegen
Weit über die Meere, allein
Und verloren.
Wir halten zusammen
Uns an den Händen, auf
Immer verschworen.

Und laufen gemeinsam,
Der Pfad wird schon
Schmal.
Es führt dieser Weg
Tief hinunter ins
Tal.

Wir sind bald am Ziel.
Wenn die Sonne steht
Tief,
Bleibt nur meine Stimme,
Mit der ich laut nach dir
Rief.

Spaziergang mit Gepäck

Heute ging ich den alten Weg,
Jenen, den auch du kanntest.
Ich sah die Bank, auf der wir
Dereinst saßen, sie war besetzt.
Von einem jungen Paar.
Und der Regen sprach mit den Gräsern.
Ich ging wortlos vorbei,
Mähliche Schritte durch tropfende Zeit.
Ich hatte als Gepäck nur
Die Erinnerung.
An der aber trug ich
Schwer.

Sprachlos

Vergeltung,
Rache,
Mord,
Im Namen von
Bibel und Koran.
Schriften, die auch
Anstiften zum Töten,
Mitschuld durch
Unterlassung.
Tote aus Jahrhunderten
Rufen uns an,
Das Schweigen
Endlich zu brechen.
Fassungslosigkeit
Im Angesicht der Barbaren.
Zeiten der Leere,
Mutlos,
Sprachlos.
Aus Verzweiflung
In der Stille
Ein Schrei.

Stauende

Die Sanierung war
Abgeschlossen
Vor geraumer Zeit.
Er hatte es geschafft,
Millionen einzusparen,
Standorte zu schließen,
Personal zu entlassen.
Die Krankenhauskette schrieb
Nun Zahlen in schwarz.
Gestern wurde sein Sportwagen
Auf der Autobahn gerammt:
Ein Zwei-Kilometer-Stau,
Alltäglich, nicht spektakulär,
Auffahrt auf das Stauende,
Augenblick der Unachtsamkeit.
Er verstarb im Krankenwagen,
Zeitnah war keine Klinik
Erreichbar.
Einige meinen:
Gelegentlich sei das Schicksal
Gerecht.

Sterngucker

Mit großen Augen schauen,
In das Meer aus Sternen,
Mit Demut, Neugier, Staunen,
In dunkle, weite Fernen.

Mancher sieht die Wunder
Nur mathematisch kühl,
Er misst und bildet ab,
Doch ohne ein Gefühl.

Ganz viele Erbsenzähler
Sah schon diese Welt,
Wer stets mit Ellen misst,
Hat Werte nur in Geld.

Die Wunderwelt der Nächte,
Begreifen wir wohl nie,
Wir können sie nur fühlen,
In Schönheit und Poesie.

Leg deine Hand in meine,
Und lass uns weitergehen,
Lass Sterne uns entdecken,
Und mit dem Herzen sehen.

Stille

Spät am Tag spreche ich
Mit meinem länger werdenden Schatten.
Die Sonne sinkt hinter Baumwipfel,
Der Mond macht Klimmzüge am Horizont.
Alle Fragen sind offen, Klarheiten
Berühren nur Vergangenes.
Mein Schatten bleibt stumm,
Antwort nicht zu erwarten.
Zukunft ohne Worte.
Was für eine Offenbarung.

Stilles Glück der Berge

Wenn ganz am frühen Morgen
Im Tal ich wandre schon,
Das still noch liegt verborgen,
Ist Tauglanz nur der Mühe Lohn.

Für kurze Zeit gehören mir
Die Berge, Wald und Feld.
Ich möcht ihn schenken dir,
Den Augenblick, der jetzt nur zählt.

Die Morgennebel decken
Noch alle Unrast zu.
Nie will ich ihn wecken,
Den lauten Tag, so ohne Ruh.

Drum lauf ich still und leise
Und lausche vor mich hin.
Der Vögel alte Weise
Erfreut hier meinen Sinn.

An diesen frühen Morgen
Nur denk ich nun zurück.
So friedlich, ohne Sorgen,
Das war mein stilles Glück.

Störenfried

Die Mücke reißt mich aus dem Schlafe
An einem Morgen, vier Uhr in der Früh,
Es ist für mich die richtig harte Strafe,
Ich find aus tiefen Träumen nur mit Müh.

Die Mücke fliegt, laut surrend und sie brummt,
Ich lieg voll Wut hellwach in meinem Bett.
Um meinen Kopf sie Kreise zieht und summt,
Stelle mir vor, ich schlüge zu mit einem Brett.

Mich nervts Insekt, was soll ich machen.
Doch hab im Zwielicht eines ich erkannt:
Manchmal ist Störung nötig zum Erwachen,
Und oftmals auch Kritik, ins Wort gebannt.

Die Mücke lässt mich an die Dichter denken,
Die Stachel sind im Fleische dieser Welt,
Die unsre Blicke auf das Dunkle lenken,
Wenns auch den Oberen meist nicht gefällt.

Wir haben Störenfriede nötig oft im Leben,
Um zu erwachen aus der Lethargie.
Mit Fäusten auf Tische hauen, dass sie beben,
Sonst ändert sich, so glaub ich, manches nie.

Strahlung

(in Erinnerung an Hanns Cibulka)

Als die Sanddornzeit zu Ende ging,
Brach er sein Schweigen.
Zeigte hinter dem Himmelsblau uns
Die Schwärze der Nacht.
Er hatte nur das Wort,
Mit dem er Wege erleuchtete
Im Irrgarten des Lebens.
Im Unfertigen zu Hause,
Behaust nur in einer Landschaft
Aus Wellen und Licht,
Trägt sein Werk
Hin zum anderen Ufer.
Strahlung aus Worten,
Konzentrierte magische Wimpernschläge.
Die Widersprüche werden
Von nun an erträglicher sein.

Symmetrie
(für Gudrun)

Du bist das, was ich nicht bin,
Gespiegelter Teil meiner Seele,
Gibst meinem Leben tieferen Sinn,
Mein Herz dem deinen nie fehle.

Ich bin das, was du nicht bist,
Deiner Seele gespiegelter Teil,
Deines Lebens tiefster Sinn ist,
Dass dein Herz bei meinem verweil.

Tao I

In fernen Tagen, wenn
Licht und Finsternis,
Herz und Verstand,
Wasser und Stein,
Welle und Teilchen,
Gedanke und Erinnerung,
Durch nichts
Sich unterscheiden,
Werden wir eingehen
In die Ewigkeit
Von Raum und Zeit
Am Ziel einer langen Reise.
Und niemand wird
Je von ihr erzählen.
Poetische Schwingungen,
Zarter Klang stummer Töne.
In allen Farben
Konturloses Schweigen.
Der Morgen danach
Wird ertrinken im Meer
Unendlicher Schönheit.

Tao II

Wer es erfahren will,
Jedoch
Nicht sieht
Das versteckte Bächlein,
Nicht schmeckt
Das Salz in der Gischt,
Nicht riecht
Den Lindenduft am Abend,
Nicht fühlt
Den ersten Frühlingshauch,
Nicht hört
Die Amsel auf der Fichte,
Und immun ist
Für den stillen Schrei
Ringsum,
Soll nicht fragen,
Weil es verborgen bleibt
Auf ewig.

Tao der Literatur
(in Erinnerung an Erwin Strittmatter)

Leere, geformt zu Worten.
Buchstaben als Lichter in der Nacht.
Benennbar ist niemals die Wirklichkeit,
Immer ein Rest Unsagbares als
Herausforderung,
Geschriebene Zeichen der Hoffnungslosigkeit.
Was Namen hat, wird eingehen in die Stille.
Leuchttürme aus Worten weisen den Weg
Über die Meere in Raum und Zeit.
Die zehntausend Dinge werden wieder eins,
Wenn morgen die Unendlichkeit vergeht.

Täuschung

Innere Emigration
In ein Land,
Das lang schon unterging.
Wer zählt die Toten,
Die dort auf uns warten?
Alle Schriften sind ohne
Antworten auf Fragen,
Die wir uns nicht mehr stellen.
Wir stehen am Abgrund der Zeit,
Im täuschenden Licht
Zu weniger Kerzen.
Mit Nichts in Händen
Als unseren Wünschen,
Die zerfließen im Nebel
Einer unbewiesenen Zukunft.

Traum

Die eine Blüte,
Lapislazuliblau,
Zart durchsonnt,
Symmetrisch vollkommen,
Wolke zugleich und Stein,
Hirn und Herz berührend,
Diese eine Blüte,
Sie blieb
Ein Traum.

Unaufhaltsam

Großvater zeigte mir
Den Großen Wagen,
Das Vorkriegsfernglas
In Händen,
Die vieles berührten
Im Zeitenlauf.
Ein Durchschuss im Bein,
Russisches Andenken,
Wovon er selten sprach.
Der Alte am Stock,
Mein erster Lehrer.
Im Bann seiner Geschichten
Sah ich den König noch.
Sumpfdotterblume und
Vergissmeinnicht,
Benannte er für mich,
Unter der Eiche am Teich
Sommerflirren.
Mit Achtzig ging er
Über die Grenze,
Der auch ich mich nähere,
Unaufhaltsam.

Unveränderlich

Noch immer hoch oben, nächtens,
Sterne wie Arktur, Wega und andere,
Scheinbar unveränderlich.
Seit meiner Jugend kenne ich sie,
Als alte Bekannte, gute Freunde.
Die Eintagsfliege, unbedeutendes Tier,
Sieht den Menschen ein paar Stunden,
Scheinbar unveränderlich.
Wir einfältigen Bewohner dieser Erde
Glauben hinter die Dinge zu schauen,
Und sind doch nur Eintagsfliegen,
Mit dem Hang aber zum Größenwahn,
Scheinbar unveränderlich.

Vergissmeinnicht

Fünf hellblaue Blätter,
Winzig und anmutig,
Eine gelbe Sonne
Mit weißen Strahlen.
Blüten im Wiesenmeer,
Berührende Schönheit.
Gestern, Heute, Morgen,
Erinnerung und Ahnung,
Im zarten Blau bewahrt.
Kurz innehalten und
Zur Erbauung
Einzelheiten erkennen,
Bedeutet viel
In Zeiten der Ignoranz.

Verlautbarung

Ich stehe nicht zur Verfügung
Beim Schießen in fernem Land,
Wenn Kinder dort ihre Väter
Und Frauen ihre Männer
Verlieren in sinnlosem Tod.
Wenn sie glauben,
Dass wir mittun müssten
In fernem West und nahem Ost,
Hohem Nord und tiefem Süd,
Dann ergreife ich nicht Partei,
Wenn Hirnlose sich ihre Köpfe
Einschlagen im Kampf
Um Gott, Nation und Reichtum.
Und weil jeder Krieg am Ende
Nur Verlierer kennt,
Stehe ich einzig auf Seiten
Der weißen Taube.

Versuch einer Erklärung

Woher nur
Diese unbändige Kraft
In jedem Frühling,
Die das Leben
Zur Erneuerung treibt.
Wo doch der Mensch
Egozentrisch,
Rücksichtslos
Zerstört und vernichtet.
Ist sie am Ende
Gar allein da,
Ihn zu überwinden?

Vertreibung

Einst lebten wir unbeschwert
Im Land der offenen Fragen,
Mit unseren Warums, Wozus, Weshalbs,
Gemeinsam mit Wer und Wie und Wo
Waren wir klein inmitten großer Rätsel
Und neugierig auf Unbekanntes.
Dann glaubten wir zu wissen,
Wurden vertrieben aus unschuldigen Tagen,
Wonach wir nun noch fragten war:
Wie viel?
Der Horizont wurde enger,
Unsere Fragen schal,
Und bald schon werden wir
Nur noch die eine haben:
Wann?

Verwandlung I

Der Schnee fällt,
Flocke um Flocke.
Verdeckt alle Spuren,
Pfade und Wege.
Bis alles unter
Dem Weiß erstirbt.

Die Zeit tropft,
Sekunde um Sekunde.
Gegenwart wird
Vergangenheit.
Metamorphose von
Tatsache zu Legende.

Der Wind geht
Über die Felder.
Treibt Blätter
Und Erinnerungen
Von dir zu mir,
Ins Nirgendwo.

Verwandlung II

Manchmal halten Uhren
Ihre Zeiger an, die Luft steht still
Und die Erde hört zu kreisen auf,
Magische Sekunden lang.
Augenblicke, in denen alle Zeit
Verschmilzt im Glück,
Das geflügelte Pferd steigt
Auf in den siebten Himmel.
Wenn später das Uhrwerk
Wieder tickt, erneut
Fahrt aufnimmt im alten Gleis,
Steigst du verjüngt aus dem Fluss.

Vom Leid

(für Rolf Sommer)

Wir alle sind, so wie wir sind,
Lebenslänglich Gier und Neid.
Wir kranken am eigenen Tun,
So kam auf die Erde das Leid.

Mohammed, Jesus, Siddhartha
Lehrten die Menschen Verzicht,
Auch Marx, Laotse und Mose
Vermochten die Besserung nicht.

Manchmal, da machen wir alle
Die Rechnung ohne den Wirt,
Das kommt, weil jeder von uns
Sich oft ganz einfach verirrt.

Ob je Erlösung wir finden
Von diesem schmerzlichen Leid?
Es wird sie nur geben in Güte,
Es ist schon längst an der Zeit.

Wandlung

Als Raupe gefräßig,
Nie genug in ihrer Gier.
Als Puppe in sich gekehrt,
Nun der Welt entsagt und
Nach innen lächelnd.
Jetzt als Falter,
Gaukelnd von Blüte zu Blüte,
Sorglos spiegelnd
Die Schönheit der Dinge.
Wenige nur erreichen ihn,
Den Zustand eines Schmetterlings
Am Vorabend des Lebens.

Was

Was können wir tun
In verbleibender Zeit?
Gemeinsam leben
Ohne Klage und Streit?

Gemeinsam schauen
Auf ein gleiches Ziel.
Verlangen wir jetzt
Vom Leben zu viel?

Was können wir schaffen
Nun in der Frist,
Die gemeinsam uns
Zugemessen ist?

Wir können nur lieben
In sich neigenden Jahren.
Uns halten und stützen
Und Hoffnung erfahren.

Was bleibt

Ein paar Worte,
Vielleicht,
Deine Bilder
Und die Fotos
Von uns, vergilbt,
In dicken Alben.
Drei Gedanken,
Die der Herbstwind
Fortträgt,
Als hätte es uns
Nie gegeben.
Und dennoch
Stehen wir
Morgens auf.

Welterklärung

Eine Tageszeitung
Halb ausgelesen
Auf dem Fußboden.
In Reichweite der Lyrikband,
Abgegriffener Einband.
Stimmen der Vergangenheit.
Das dann noch Unklare
Ist von Laotse zu erfahren.
Später landet die Zeitung
Auf dem Stapel
Mit dem Altpapier.

Wenns mal wieder schief geht

Was Neues wollte meine Frau,
Ne schicke Hose, ganz in Blau.
Als ich dann das Versandhaus rief
Gings wieder mal so richtig schief:
Zum Denken blieb mir kurz nur Zeit,
„So nehm se doch noch dieses Kleid,
Als Kunde sind sie schließlich König.
Und sparen tun sie auch ein wenig."
Wie immer ließ ich mich darauf ein,
Ein Päckchen kam, war ziemlich klein.
Das Kleid ist drin, doch keine Hose,
Ich hatte fast geahnt die Chose.
Nun geht mein Weib im Kleid umher,
Es schön zu finden, fällt mir schwer.

Der Mensch nicht immer ist gesund,
Fürs Krankenhaus gibts manchen Grund.
Als ich so lag und nach der Schwester rief,
Gings wieder mal so richtig schief:
Mit nem Klistier kam sie gerannt,
Mein Blick war starr und wie gebannt.
Ich war der Einzige im Zimmer,
Drum traf es mich, ganz so wie immer.

Die Schwester eilt, beherzt und stur.
Dabei wollt ich ein Pflaster nur.
Bekam den Einlauf ohne Schmerzen,
Die Traurigkeit, die kam ganz von Herzen.
Mein Bettnachbar weilt anderswo,
Und ich die meiste Zeit auf Klo.

Nicht ewig werde ich noch leben,
Irgendwann hört auf mein Streben.
Wenn höhere Macht dann nach mir rief,
Gehts wieder mal so richtig schief:
Es ist ja nicht mein letzter Wille,
Den Sarg trägt einer mit ner Brille.
Aus dem Gehäuse ich dann rufe,
„Eh pass doch auf, gleich kommt ne Stufe."
Er hört es nicht, so wird es kommen,
Der Kerl sieht alles ganz verschwommen.
Und polternd fällt mein letztes Möbel tief.
Glaubt mir, was schief gehn kann,
Das geht auch schief.

Weststrand

Windflüchtige Kiefern, sturmerprobt,
Brandung und ein Möwenschrei,
Das Strandgut sonnengebleicht,
Du bist hier frei,
Fühlst dein Leben leicht.
Das Meeresrauschen erfüllt
Die Luft, nichts sonst, nichts als Sand
Und Wasser, die Sehnsucht gestillt.
Und deine Spuren am Strand,
Vergehen mit den Wellen der See.

Widerspruch

Sie nutzen Smartphones,
Sie fahren ihr Auto mit Navi,
Sie surfen und kaufen im Netz,
Sie schauen fern per Satellit,
Und halten doch
Die Erde für eine Scheibe,
Die Mondlandung für erlogen,
Impfen für gefährlich,
Kondensstreifen für Chemtrails,
Horoskope für glaubwürdig.
Das beweist:
Wissen und Bildung
Sind nicht dasselbe,
Technologie und Intelligenz
Sind zwei Paar Schuhe,
Und letztere ist ungleich verteilt.

Wie es sein wird

Bäume werden wieder blühen,
So wie Blumen und Sträucher.
Vögel werden vielleicht noch singen,
Am Abend und am frühen Morgen.
Wind wird über die Felder gehen,
Ähren des Korns wiegen sich in ihm.
Abends wird die Sonne lautlos und rot
Hinter den Horizont sinken und
Der Mond wird manchmal als Sichel
Zwischen den Ästen der Eiche hängen.
Leute hinter Beton und Glas blicken in
Eine Welt, die auszutrocknen scheint,
Schauen stumm auf ihren Untertan.
Nicht wüst und leer wird die Erde sein,
Aber nicht mehr wie in Kindertagen,
Ohne das Summen von Bienen,
Und keine Plage wird größer sein,
Als das Leben des Menschen selbst.
Nur du und ich haben dann schon
Die unsichtbare Grenze passiert,
Hinter der alles und jeder eingeht
In die Dunkelheit des Unerklärbaren.
Die Erinnerung wird mit dem letzten
Seufzen der Kreatur verschwinden
Und im All wird keine Trauer sein.

Wie ich bin

Bin wie das Blatt,
Das in das Bächlein fiel,
Lasse mich treiben,
Ohne Plan und Ziel.
Bin wie das Wasser,
Das zu Tale fließt
Und ohne eignen Sinn,
Sich ins Meer ergießt.
Bin wie der Wind,
Der über Gräser streicht,
Jederzeit und absichtslos
Sein fernes Ziel erreicht.

Winter am Meer

Der Pulsschlag der Brandung,
Gefroren zu kaltem Weiß.
Wellen über den Buhnen,
Zerborstenes, fühlloses Eis.

Das sonnensüchtige Rufen von
Singschwänen über dem Strand.
Unterm Altschnee verborgen
Vergessene Spuren im Sand.

Im Flachwasser winternde Vögel,
Ein eisiges Wellenspiel.
Der Seeadler über der Düne,
Das Ungefähre sein Ziel.

Am Steilufer liegende Bäume
Sind gefallen zur Nacht.
Der alte Leuchtturm im Hafen
Hält hoffnungssendende Wacht.

Ein Schiff fährt nach Norden
In bugwellengeteilter See,
Mit Sonnenwärme im Herzen
Gehn wir zusammen im Schnee.

Wir sitzen auf den Ästen

Es liegen still die Felder
Im Abendsonnenschein.
Wogende Ähren tanzen,
Kornblumen fehlen am Rain.
Chemiegetränkte Wüsten,
Geopfert den Erträgen.
Wir sitzen auf den Ästen,
Um kräftig dran zu sägen.

Urlaub in fremden Ländern
Macht jeder allzu gern.
Billig und „all inclusive",
Reist man nach nah und fern.
Dass es der Umwelt schadet,
Man wird es kaum erwägen.
Wir sitzen auf den Ästen,
Um kräftig dran zu sägen.

Gewählt in Parlamente
Sind viele kluge Leute.
Erklären uns die Welt
Alternativlos heute.
Die Abkehr vieler Menschen
Sie damit deutlich prägen.
Wir sitzen auf den Ästen,
Um kräftig dran zu sägen.

Ne Zeit lang galt die Regel,
Nie wieder Krieg soll sein.
Dem Frieden nur zu dienen,
Gilt nun nicht mehr allein.
Man ist allzeit bereit
Zu militanten Schlägen.
Wir sitzen auf den Ästen,
Um kräftig dran zu sägen.

(Herzlichen Dank an Jens Opitz für die Vertonung dieses
Gedichtes.)

Wissenschaft

Die Menschen sind
Parallelen, die sich
Im Unendlichen einen,
Wo Traum und Hoffnung
Zu Liebe implodieren
In gleißendem Licht.
Die Schatten der Träume
Werden wandern
An den Ufern der Zeit.
Alle Elemente vereint
In der Ewigkeit
Des Alls voller Sterne.

Wo

Wo bleibt dein Aufschrei?
Mitmensch,
Im Angesicht dessen,
Was du
Siehst,
Hörst,
Weißt,
Im Angesicht dessen,
Was sie uns
Einzureden versuchen,
Täglich,
Stündlich,
Immer.
Wo bleibt unser Aufschrei?

Wolfsland

Morgennebel,
Über dem Teich liegt
Der Tag im Halbschlaf.
Letzte Sterne verlöschen.
Hier scheinbar lebt also
Der heidnische Fenriswolf.
Er soll am jüngsten Tag
Die Sonne
Zum Verlöschen bringen.
Dämonisch, gesetzlos,
Gefräßig und gehasst,
So sei er. Und dabei
Dem Menschen so ähnlich:
Unberechenbar gierig.

Wunschtraum

Dartpfeile aus Worten,
Herzen unterm Schnee,
Ein Netz voller Hass,
Menschsein ade.

Liebloser Alltag
Im Gleise der Pflicht.
Die Hoffnung erstirbt,
Im Tunnel kein Licht.

Doch irgendwann grünt
Ein Morgen im Mai,
Zukünftiger Traum,
Vielleicht sorgenfrei.

Wir alle brauchen
Liebe und Güte,
Einer den andern
Vor Geistern behüte.

Zeit I

Relativität des Lebens
Zwischen Geburt und Tod,
Summe der Augenblicke
Im Unbewussten des Seins.
Zugemessene Frist zu Möglichem
Und Summe ungenutzter Chancen.
Zwischen Tag und Nacht
Entgleitet uns die Zeit
In die Überfülle der Ewigkeit.

Zeit II

Unaufhaltsam tropfende Gewissheit,
Schleier vor Künftigem,
Totentuch des Gewesenen.
Ungreifbar und unbegreiflich,
Befristetes Maß des Seins.
Der Mensch als Synthese
Aus kristallisierter Zeit
Und dunkler Materie
Im Meer der Ewigkeit,
Gebändigt nur von
Der Hand des Künstlers.

Zeit III

Als wir sie im Überfluss besaßen,
Schenkten wir ihr keine Beachtung.
Als sie uns dann knapp wurde,
Erkannten wir ihren wahren Wert.
Nun trinken wir aus ihrer Quelle
In bedachten, langsamen Zügen.
Lebenszeit ist der einzige Vorrat,
Den wir in unserer Gier nach Mehr
Nicht vergrößern können.

Zeit ohne Seele

Am Bahnsteig des Seins für kurzen Halt
Fährt der Zug des Lebens nun ein,
Auf der Reise vom Gestern ins Morgen,
Kein Abteil scheint mehr frei zu sein.

Augenpaare seelenlos hinter dem Glas,
Sekunden tropfen aus der Bahnhofsuhr,
Ein Plätzchen erhaschen für ein Leben,
Ein paar Stationen – ein Stehplatz nur.

Alle wollen noch mit auf die Fahrt,
Intellektuelle und Intelligente mit Geschick
Wissen umzugehen mit dem Ellenbogen,
Und immer wieder bleibt jemand zurück.

Der Zug fährt weiter für alle Zeit,
Nichts kann ihn halten für längere Rast,
Erst kurz vor dem Aussteigen dann
Wird so mancher erlöst von der Hast.

Zu kalt

Das Frühjahr ging zu Ende,
Ohne Frühling gewesen zu sein.
Schweigen unter den Menschen,
Die Natur stellte sich darauf ein.

Trotz allem blühen die Blumen,
Der Raps reift im gelben Licht,
Und Korn steht mit stolzen Ähren,
Auf den Wiesen Vergissmeinnicht.

Mit Vorsicht behüten die Schwäne
Ihre flauschigen Jungen im Teich.
Durch Wachsen und Überfülle
Zeigt uns das Leben sein Reich.

Nur wir mit den Kümmernissen,
Frieren, wenn der Tag sich neigt,
Das Wetter allein ist nicht schuld,
Warum diese Kälte sich zeigt.

Zukunft

Ihre Krakenarme werfen
Dunkle Schatten auf das Land.
Alles hat sie im Würgegriff,
Um uns die Zeit zu stehlen.
Im Jetzt auf das Gestern treffend,
Ist sie ungewiss, voller Sorgen,
Geheimnisse und Wünsche.
Einzige Alternative zum Heute,
Kann nur sie die Wunden heilen,
Die Menschen sich zufügen.
Niemand kann vor ihr fliehen,
Weil sie ungefragt kommt.
Sie berührt dich und mich
In jedem Augenblick,
Ihr einziger Feind ist der Tod.
Noch aber steht nicht fest,
Ob sie für dich ein weißes Kleid
Oder den schwarzen Umhang trägt.
Sie ist das einzig legitime Kind
Unseres eigenen Tuns.

Zum Schluss

Der vorletzte Mensch wird
Zum letzten sagen,
Wir haben es geschafft,
Die Meere verseucht,
Die Rohstoffe verbraucht,
Die Insekten gestorben,
Die Tierwelt dezimiert,
Die Wälder abgeholzt,
Das Klima aufgeheizt,
Die Atmosphäre vergiftet.
Und der letzte Mensch
Wird antworten
Lass uns verschwinden ...

Inhalt

181

Weitere Bücher von Matthias Stark

Als Autor:

„Vollmondnacht" (Gedichte, 2006)
„Sommerwind und Kranichruf" (Ein Erinnerungsbuch, 2012)
„Sonnenkinder und Traumgestalten" (Drei mal drei beunruhigende Geschichten, 2013)
„Nicht nur Gegensätze" (Gedichte, 2016)
„Der aus dem Wald kam" (Die Geschichte eines Findelkaters, 2016)
„Suasio" (Gedichte und Gedanken, 2017)
„Niemandsland Prora" (Roman, 2018)

Als Herausgeber bzw. Mitherausgeber:

mit Renate Brucke „Von Bohsdorf nach Schulzenhof" (2016)
mit Bernd Storch „Landgang von der Fichte" (2017)
mit Michael Becker „Becker ungeschminkt" (2018)
Bruno H. Bürgel „Vom täglichen Ärger" (2018)
Anthologie Strittmatter-Verein „Alltag im Wort" (2019)
Bruno H. Bürgel „Leuchten sollst Du" (2020)
mit Annett Immel „Die Krise und wir" (2021)

Als Mitautor:

„Landkalenderbuch Sächsische Schweiz" (seit 2011)
„Aufgewachsen in Ost und West: 64 Geschichten für eine wirkliche Wiedervereinigung" (2020)